# 山区公路生态固坡施工技术指南

## Technical Guide of Ecological Slope Reinforcement for Mountain Highway

云南省公路开发投资有限责任公司
中国科学院地质与地球物理研究所
主编

人民交通出版社股份有限公司
China Communications Press Co.,Ltd.

## 内 容 提 要

本指南根据山区公路的特点,提出了利用稳固剂与错台竹木梯框格梁复合防护的生态环保固坡理念及其设计与施工技术,并规范了生态固坡施工技术要求、工艺控制标准、质量管理方法等。

本指南可作为高等级公路路基生态边坡设计、施工、质量管理指南,也可供公路科研、设计、施工、监理、检测等人员参考。

**图书在版编目(CIP)数据**

山区公路生态固坡施工技术指南 / 云南省公路开发投资有限责任公司,中国科学院地质与地球物理研究所主编. —北京 :人民交通出版社股份有限公司, 2015.10

ISBN 978-7-114-12554-6

Ⅰ. ①山… Ⅱ. ①云… ②中… Ⅲ. ①山区道路—边坡加固—指南 Ⅳ. ①U421-62

中国版本图书馆 CIP 数据核字(2015)第 252270 号

**书　　名:** 山区公路生态固坡施工技术指南
**著 作 者:** 云南省公路开发投资有限责任公司　中国科学院地质与地球物理研究所
**责任编辑:** 刘永芬
**出版发行:** 人民交通出版社股份有限公司
**地　　址:** (100011)北京市朝阳区安定门外外馆斜街 3 号
**网　　址:** http://www.ccpress.com.cn
**销售电话:** (010)59757973
**总 经 销:** 人民交通出版社股份有限公司发行部
**经　　销:** 各地新华书店
**印　　刷:** 北京鑫正大印刷有限公司
**开　　本:** 880 × 1230　1/16
**印　　张:** 1.75
**字　　数:** 44 千
**版　　次:** 2015 年 10 月　第 1 版
**印　　次:** 2015 年 10 月　第 1 次印刷
**书　　号:** ISBN 978-7-114-12554-6
**定　　价:** 25.00 元

# 前　言

随着国民经济的发展和路网完善的需求，公路逐步进入山区。随着环保节能理念日益深入人心，对于山区公路的勘察设计、施工运营等方面的环保节能要求也越来越高。山区公路环境载体主要是自然环境，也是地质环境。山区一般地形地质条件复杂，地质环境脆弱，地质灾害多发，公路建设不可避免地要切坡、填沟，对地质环境造成破坏，处理不好还会诱发和加剧各种地质灾害，增加公路建设投资，影响工期及公路景观效果，甚至给运营阶段带来严重的安全隐患。山区公路应做好生态环境的保护和地质灾害的防治。因此，从经济、实用、安全、稳定、最优、环保、生态及节能的角度制订山区公路路基边坡防护设计与施工技术非常必要。

本指南依托云南省科技厅科技惠民计划项目“云南公路边坡非饱和特殊土低碳修复关键技术研究与应用”，结合在安楚高速公路、蒙新高速公路、保腾高速公路、昆明绕城高速公路、楚广高速公路、六曼二级公路等生态边坡防护过程中的实践经验，并参照国内外相关技术研究成果编制而成。本指南可供科研、设计、施工、监理和质量监督等人员参考。

各单位使用本指南过程中发现的问题和修改意见，请随时函告云南省公路开发投资有限责任公司（地址：云南省昆明市西山区前兴路 37 号，邮编：650228，电话：0871-67158010，电子邮箱：zyx6668@126.com）或中国科学院地质与地球物理研究所（地址：北京市朝阳区北土城西路 19 号，邮编：100029，电子邮箱：lizhiq-2002@163.com），以便修订时参考。

主编单位：云南省公路开发投资有限责任公司

中国科学院地质与地球物理研究所

云南安楚高速公路建设指挥部

云南蒙新高速公路建设指挥部

云南楚广高速公路建设指挥部

深圳海川新材料科技有限公司

日本国 J&C 株式会社

云南久久园林建设有限公司

主要编写人员：孙乔宝　周应新　李志清　李晶哲　钱　坤　汪永林
樊思林　张仕华　薛　杰　胡　峰　杜婷婷　岳锐强
戚志宇　张晓锋　邹　霖　马　赟　共放鸣　陈　武
吴继忠　侯建伟　方绍林　卯申殷　董江锋　尹勤思
李丹丹　王朝剑　金少明　李志祥

# 目　　录

# 1 总则

### 1.0.1 目的

依据交通运输部提出的“综合交通、智慧交通、绿色交通、平安交通”四个交通中的绿色交通理念，为指导山区公路生态边坡防护的设计及施工，满足公路边坡防护的稳定性与生态景观需求，特编制山区公路生态固坡施工技术指南（以下简称“本指南”）。

### 1.0.2 应用范围

本指南适用于山区高速公路和一二级公路等新建边坡生态防护的设计、施工和质量管理，以及运营公路边坡的生态修复，其他等级的公路可参考使用。

### 1.0.3 使用原则

本指南所用生态固坡技术可单独用于单级坡高不大于10m、坡比不陡于1∶1的特殊性岩土边坡的稳定防护；对于深层欠稳定的边坡，可在已使用现有工程防护措施确保边坡稳定的基础上，进一步采用该生态固坡技术进行联合防护，综合解决高边坡深层稳定与浅层抗雨水冲刷防治问题；该生态固坡技术亦可推广到一般性岩土体边坡的稳定性与抗雨水冲刷防护。

### 1.0.4 设计原则

制订方案时坚持质量第一、因地制宜、就地取材、生态环保、具体问题具体分析的原则。通过稳固剂固土、格构梁护坡、植被抗冲刷三重作用，采用质量检验控制和综合技术措施，保证边坡稳定，增强生态边坡抗雨水冲刷能力，提高边坡植被覆盖率和绿化边坡的水稳性。

### 1.0.5 具体内容

本指南包括：生态固坡的技术要求、施工工艺、控制标准及质量检验。

### 1.0.6 其他

生态固坡技术设计及施工，除应符合本指南要求外，还应符合现行国家和行业相关技术标准、规范的规定。

# 2 术语、符号

## 2.1 术语

**2.1.1** 生态固坡 ecological slope protection

在因地制宜、就地取材、减少生态环境破坏的条件下，充分发挥岩土体自身承载能力、植被固坡能力和生态环境承载能力，采用新技术、新方法对边坡灾害进行有效防护。

**2.1.2** 稳固剂 curing agent Ecological slope protection

稳固剂是具有胶黏性质的一种岩土体改良剂，可以将岩土颗粒团粒化连接在一起，大幅提高改良土的水稳性。

**2.1.3** 错台竹木梯框格梁 slab staggering bamboo(wood) ladder frame beam

采用竹片或木条编制成框格(如菱形、方形等)，将格构搭接成预制框架，框架可以错台式组合成不同规模的防护结构，用于稳固边坡表层土壤的一种防护形式。

**2.1.4** 生态格构 ecological lattice

采用竹片或木条编制成框格(如菱形、方形等)，将框格搭接成不同规模的组合式框架形式。

**2.1.5** 膨胀土 expansive soil

富含亲水性矿物，具有明显的吸水膨胀和失水收缩的高塑性黏质土。

**2.1.6** 砂性土 sand soil

如全风化花岗片麻岩形成的残积土，含砂粒较多，几乎没有黏粒，是裸露后水稳性较差的一类砂性颗粒材料。

**2.1.7** 红层软岩 red-bed soft rock

泛指组成红层的砂岩、泥岩、页岩及砂岩、泥岩与页岩互层等软硬相间的层状岩体。

**2.1.8** 自由膨胀率 free expansive ratio

人工制备的烘干、碾细的土试样，在水中膨胀增加的体积与原始体积之比，用百分率表示。

**2.1.9** 泥沙流失量 sediment loss

每百克纯水中含泥沙质量百分比。

## 2.2 符号

PAS——一种可以抑制岩土体胀缩并增强颗粒黏结性的稳固剂。

PMP——一种可以增强岩土颗粒黏结性、提高颗粒水稳性的稳固剂。

# 3 生态固坡基本要求

本指南所指生态固坡防护是采用稳固剂与错台竹木梯框格梁相结合的综合防护形式。针对具体边坡防护要求，亦可推广到多种防护形式，如稳固剂单独使用形式、错台竹木梯框格梁单独使用形式、稳固剂 + 错台竹木梯框格梁的综合防护形式、稳固剂 + 挂网的综合防护形式、稳固剂 + 锚杆框格梁的综合防护形式、稳固剂 + 拱形护坡的综合防护形式、生态格构 + 锚杆框格梁的综合防护形式、生态格构 + 拱形护坡的综合防护形式、稳固剂 + 挂网 + 锚杆框格梁的综合防护形式、稳固剂 + 挂网 + 拱形护坡的综合防护形式等。本指南主要介绍稳固剂 + 挂网的综合防护形式、错台竹木梯框格单独使用形式。

## 3.1 稳固剂基本要求

### 3.1.1 分类与适用范围

针对岩土体的特殊物理力学特性，将岩土体分为两大类：一种为具有胀缩特性的岩土体，如膨胀土、红黏土、黄土等，稳固剂选用能够抑制岩土体胀缩并增强颗粒黏结性的材料，例如采用 PAS 稳固剂进行改良；另一种为黏结性较弱、水稳性较差的岩土体，如砂性土、红层软岩、碎石土等，稳固剂选用能够增强岩土体颗粒黏结性且改良后有较好水稳定性的材料，如采用 PMP 稳固剂进行改良。

### 3.1.2 改良后的固化程度

膨胀土等胀缩性土改良后，自由膨胀率要求低于40%，水稳性明显提高，几乎无崩解性，CBR 值提高 50% 以上，黏聚力提高 20% 以上，达到公路路基和边坡使用、压实标准。砂性土等弱黏结性土改良后，水稳定明显提高，耐雨水冲刷，黏聚力提高 20% 以上，抗侵蚀性提高 30% 以上，泥沙流失量小于 5%，达到公路边坡防护标准。

## 3.2 错台竹木梯框格梁基本要求

### 3.2.1 防护形式分类

该防护形式可分为三大类：一是由竹片与成年竹子编制而成的框格梁；二是由木片与圆木编制而成的框格梁；三是由竹片、木片、竹子及圆木混搭编制而成的框格梁。必要时可以采用钻机成孔，将成年竹子插入孔中，代替锚杆使用，并将竹子与框格梁绑扎，提高框格梁整体护坡稳定性。

**3.2.2**　框格梁类型

框格梁内部格构类型可以采用菱形、方形等多种形式，亦可根据边坡表层土质情况推广到横排搭接等形式的框格样式，用于提高边坡表层土体整体防护性能，防止水土流失。

**3.2.3**　适用范围

可在竹木材丰富、人工富余、坡面雨水冲刷严重的地区使用，具有就地取材、施工简单快捷、环保、节能、经济等优点，结合传统工程防护形式，综合解决高边坡深层稳定与浅层抗雨水冲刷防治问题。

对于整体稳定的岩土边坡表面，可以单独使用竹材或木材框格梁进行边坡表层防护，并配合草灌进行表层绿化；或将稳固剂与错台竹木梯框格梁结合使用，在需要的位置可以增设竹材或木材作为土钉，特别适用于单级坡高不大于10m、坡比不陡于1∶1的特殊性岩土边坡的稳定防护。

对于整体稳定但局部不稳易于冲刷破坏的坡面防护，可以增加锚杆锚固，将稳固剂与竹木梯框格梁防护综合使用，可替代目前常用的混凝土及浆砌片石拱形护坡、菱形格护坡、人字格护坡等浅层工程防护。

# 4　稳固剂固坡施工

## 4.1　一般规定

### 4.1.1　稳固剂配制

4.1.1.1　PAS 稳固剂

PAS 稳固剂的配制:由阳离子无机物 + 阳离子高分子有机物 + 水按比例配制而成。具体指标:阳离子高分子有机物离子度要求大于30%,分子量要求低于300 万,阳离子无机物模数要求介于2.5 ~3.0,水为饮用水,室温条件下稳固剂与壤土掺配质量比建议为5%:0.25%:94.75%。

4.1.1.2　PMP 稳固剂

PMP 稳固剂的配制:稳固剂 + 水按比例配制而成。具体指标:分子量要求低于300 万,水为饮用水,室温条件下掺配质量比建议为3:97。

4.1.1.3　其他类型稳固剂

使用方法参考本技术指南,改良后的效果达到3.1.2 节技术要求。

### 4.1.2　设备要求

搅拌池、搅拌机、干(湿)喷机等。

## 4.2　施工工艺流程

### 4.2.1　路堤施工流程

路堤施工流程见图4-1。

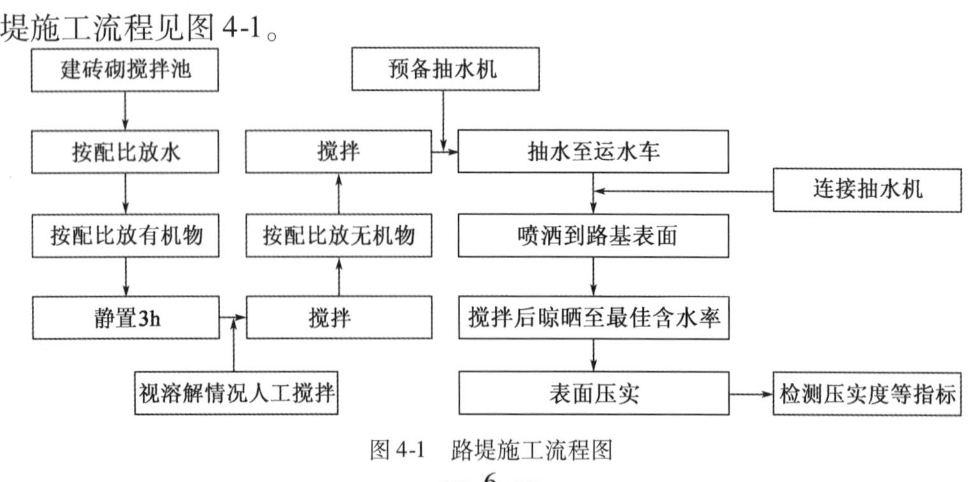


图4-1　路堤施工流程图

**4.2.2** 边坡施工流程

清理坡面—安装坡面锚杆—挂设、固定铁丝网—喷射有机基质(按配合比添加稳固剂、草灌种子、肥料等)—喷播植草—养护,如图4-2、图4-3所示。

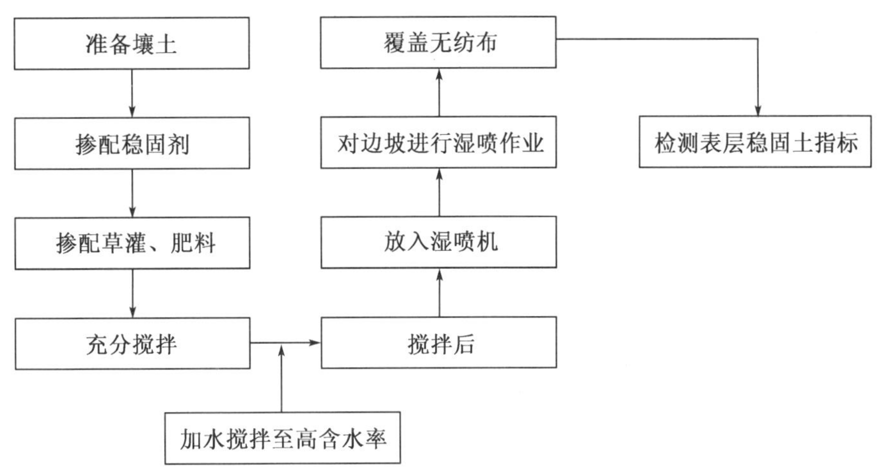


图4-2 单独使用稳固剂边坡施工流程图

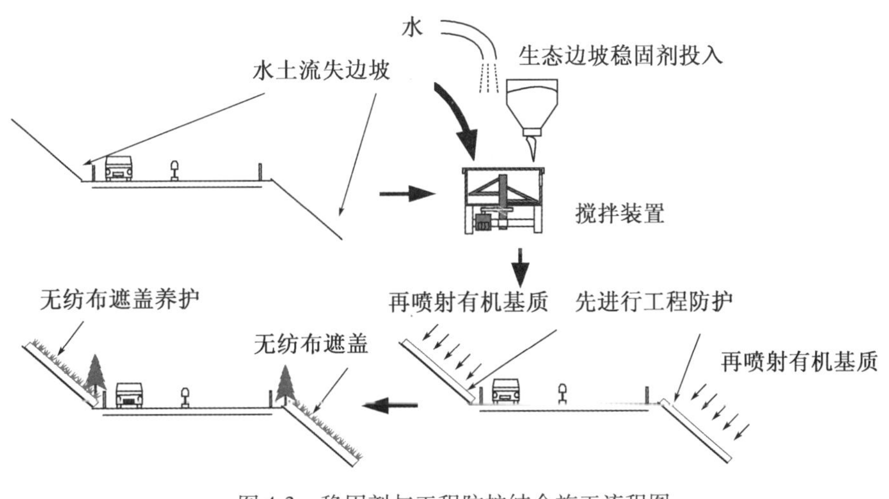


图4-3 稳固剂与工程防护结合施工流程图

## 4.3 施工方法

**4.3.1** 路堤施工方法

(1)改性剂配制:以膨胀土施工为例,按照配比要求进行PAS改性剂配制,以2m×5m×1.5m的搅拌池为例,需注水10t,有机物50kg,无机物1 200kg。

(2)铺设第一层预改性膨胀土:在路床下约50cm处做好改性前的路基平整处理工作以及上道工序的检测工作;均匀铺设约30cm厚松散膨胀土,作为预改性膨胀土。

(3)喷洒PAS改性剂:用专业喷洒水管,将改性剂喷洒在改性路基层,单位面积内改性路基层的最佳喷洒次数为2次,第一次喷洒后,晾晒到合适含水率,用挖掘机进行搅拌,然后第二次喷洒PAS改性剂,晾晒到合适含水率,搅拌均匀,确保单位面积内30cm

厚松铺膨胀土得到均匀改性。

(4)压实:根据不同膨胀土,做好土工击实试验,确定最佳含水率与最大干密度,将喷洒 PAS 改性剂的松铺层晾晒至最佳含水率,根据施工规范,用压路机重复碾压。

(5)第二层 PAS 改性路基施工:为确保路基的稳定性与改性的彻底性,进行第一次改性处理后,紧接着做第二次改性处理,第一层 PAS 改性处理后,检测压实度,检测合格后,再次铺设 30cm 松散土,喷洒改性剂,碾压达到公路工程相关规范要求。

(6)检测:对压实后的路基以及路基边坡表层的各项质量控制指标进行检测,检测合格后,转入下一道工序施工。

### 4.3.2 边坡施工方法

(1)清理坡面、整平,按照设计图纸确定锚杆位置,进行钻孔施工。

(2)安装锚杆,主锚杆为 $\phi$16mm、$L$100cm 螺纹钢筋,次锚杆一般为 $\phi$12mm、$L$50cm 螺纹钢筋,用早强水泥砂浆固定。

(3)将铁丝网沿坡面顺势铺设,拉紧网,铺整平顺后,用长锚杆和短锚杆将网从下至上固定,长锚杆和短锚杆交错排列,间距为 1.5m。

(4)种植基材的混合、搅拌。根据现场实际情况,采用湿式或干湿喷射法将种植基材按一定配合比例混合,搅拌均匀(以满足喷射机喷射及植物正常生长需要为准)。

(5)采用喷浆机,将已搅拌均匀并已加入稳固剂的固化土,分 2 ~ 3 次喷射到边坡作业面上,将含水率控制在 30% ~50% 。

(6)基材喷射完成后,用液压喷播机将配有草种的营养泥均匀喷射于有机基材上。

(7)覆盖无纺布,并定期进行养护。

## 4.4 施工工艺控制标准

### 4.4.1 路基施工控制标准

(1)搅拌池每次配比:水 10t,有机物 50kg,无机物 1 200kg,喷洒面积为 4 延米。

(2)搅拌配成的液态 PAS 稳固剂,保证在有效期 2 天之内使用。每延米路堤(包括路堤边坡)喷洒 3 次按规定配比的 PAS 稳固剂。

(3)搅拌顺序:清除水中杂质,注入池中约 5t 水,散放 25kg 阳离子有机物,静置半小时(不得搅拌)。然后注入 3t 水后散放 25kg 阳离子有机物,再注入 2t 水,水管从水面以上灌入池内,以保证将有机物淹没。静置 3h 以上,视溶解情况,进行人工搅拌。

(4)待阳离子较好地溶解后,放入无机物 1 200kg 并进行人工搅拌。

(5)将搅拌好的 PAS 稳固剂,利用抽水机喷到规定喷洒范围的路基及边坡上。

(6)尽量避免阴雨天气施工,最好在光照较强的时间内施工,利于水分蒸发。

(7)施工后路堤较泥泞,应避免车辆上路,待含水率达到击实标准,开始碾压。

#### 4.4.2　边坡施工控制标准

(1)斜坡坡度大(陡)时,需挂网。

(2)喷射含有稳固剂的基材,干燥过快时,有可能产生龟裂。需采取多次喷射,特别是产生龟裂后覆盖喷射,能够解决龟裂问题。

(3)斜坡土壤粒度大时,需加30% ~50%粒度小的客土(如黏土或菜地的熟土)。

(4)斜坡土壤贫瘠缺肥时,需加腐殖有机肥,添加量一般不超过30%,而且一定要做固化试验,添加量过大或斜坡土壤粒度太大都会影响固化效果。

(5)可以结合锚杆挂网柔性防护、锚杆框架梁、拱形护坡、格构梁等其他工程防护形式进行综合防护治理。

(6)路基边坡表层施工:将稳固剂均匀喷洒到路基表层边坡,每次喷洒后晾晒,再次喷洒,循环操作3次,使稳固剂可以渗入路基边坡表层30 ~50cm深,可以确保边坡表层得到彻底改性,防止雨水渗入。

### 4.5　施工范例

#### 4.5.1　路堤施工范例

以云南蒙新高速公路某膨胀土路堤稳固剂改良为例,进行施工工艺介绍,如图4-4 ~图4-17所示为该路段从路堤上土、铺设土工格栅、喷洒稳固剂到边坡防护整个施工过程示意。

#### 4.5.2　边坡施工范例

以云南保腾高速公路某砂性土边坡稳固剂固化为例,进行施工工艺介绍,如图4-18 ~图4-25所示为该路段边坡生态防护整个施工过程示意。

图4-4　路堤填土

图4-5　铺设土工格栅

图 4-6　边坡铺设土工格栅

图 4-7　将预改性土铺设于路堤上

图 4-8　砌水泥池

图 4-9　刷放水胶

图 4-10　注水洒稳固剂

图 4-11　搅拌稳固剂

图 4-12　将稳固剂抽至洒水车

图 4-13　喷洒稳固剂

图 4-14 洒水车施工

图 4-15 改性后进行搅拌

图 4-16 临时性防水遮盖

图 4-17 路堤边坡防护

图 4-18 清理坡面

图 4-19 修排水槽

图 4-20 挂网

图 4-21 稳固剂拌和

图 4-22　稳固土喷射施工

图 4-23　覆盖无纺布或避风帘

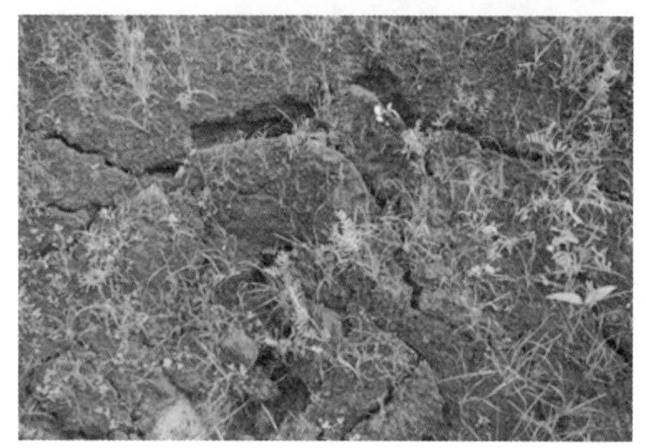

图 4-24　表层土固化生草

图 4-25　浇水养护

# 5 错台竹木梯框格梁施工

## 5.1 一般规定

(1)依据现行国家、交通运输部相关标准与规范进行边坡防护设计。

(2)实际应用中结合当地的条件,本着安全、就地取材、环保、经济的原则合理选择生态边坡防护方案。可充分利用公路建设用地范围内砍伐的木材,但应避免滥砍滥伐,从保护和有效利用森林资源的角度出发,宜尽量采用错台竹梯结构,若采用木结构时应尽量采用锯材方木肋柱及板材木扁和木条。

(3)从环保的角度出发,尽量利用篾片进行竹木结构各接头的绑扎,若利用篾片不便或为加快施工进度也可采用铁丝进行绑扎,亦可采用气钉进行连接。在制作竹片网格的卡口时,往往容易导致竹片开裂,对开裂部分可采用篾片或铁丝进行绑扎,满足绿化土壤回填要求即可。

(4)坡面应尽量平顺,若坡面不平顺,则将增加坡面防护的施工难度甚至无法施工。从竹木结构的特性来看,竹结构的弹性优于木结构,而刚性则不如木结构,故竹结构适应坡面的能力较木结构强,实际应用中应充分利用竹木结构的特性合理选择使用。

(5)种植土的拌和方式可采用人工拌和或机械拌和,主要是考虑到尽量利用我国丰富的人力资源,但人工拌和应重点监控拌和的均匀性。具体施工中,若人力缺乏或拌和质量难以保证时,应采用机械集中拌和方式。

(6)在人力资源丰富的地方,拌和好的种植土可采用人工或机械牵引的方法运送到坡面上,再用人工对菱形网格逐一进行填筑;若人力资源缺乏时,也可采用机械喷播的方法,具体施工工艺参照客土喷播相关施工工艺要求,但此时应适当调整网格尺寸。

(7)采用的植物应根据气候及植物生长特性合理选择物种及配合比,应力求充分发挥草灌的综合优势,前期以草类快速绿化效果为主,后期则应注意培育根系发达的灌木生长,应注意修剪茂密的草本植物,为灌木的生长创造条件。

(8)要求设计和施工紧密结合,其设计理念应适时动态地体现在设计及施工的各个环节,将边坡防护和景观绿化科学合理地结合在一起,允分利用竹木结构及钢结构的优良特性及植被的生态固坡性能并使之完美结合,是一种环保、节能、经济、生态的复合型公路边坡稳固技术,可充分利用当地的人力、物力资源,拉动地方经济,最大程度地节约工程建设和管养成本。

## 5.2 适用范围

该防护形式可在竹材丰富、人工富足、坡面雨水冲刷严重的地区使用,具有可就地取材、施工简单快捷、环保、节能、经济等优点。本方案适用于整体稳定但局部不稳易于冲刷破坏的坡面防护,可替代目前常用的混凝土及浆砌片石拱形护坡、菱形格护坡、人字格护坡等浅层工程防护,是一种原生态护坡形式。前期利用竹梯菱形格结构的支护作用,后期利用植被的锚固作用,具有显著的社会经济效益。如增加锚杆锚固(包括钢筋或成年竹材),可适用于稳定性较差的易于冲刷破坏的坡面防护,可替代目前常规的钢筋混凝土锚杆框格梁护坡,比常规的锚杆框格梁护坡经济快速,是一种支护能力仅次于锚索框格梁的生态护坡形式。

## 5.3 施工工艺流程

施工工艺流程如图 5-1 所示。

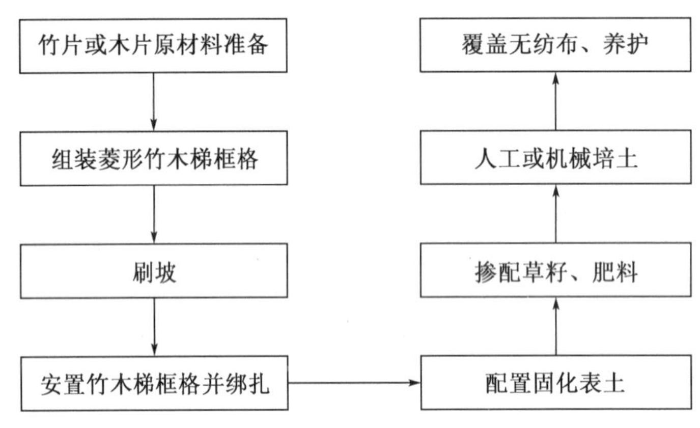


图 5-1　施工工艺流程

## 5.4 施工方法

(1)开挖边坡,刷坡,整理坡面,坡顶与坡脚处设有排水沟,分级边坡设有碎落台与排水沟,坡面设有纵向排水槽。

(2)采用竹材或木材预制竹木格构,将竹木格构拼接在一起,从下到上依次搭接倚靠在坡面,采用细绳或铁丝绑扎格构。

(3)将木本纤维、草本纤维、缓效性肥料等与壤土按一定质量比配置成改良土,将配置好的草灌与改良土混合,培植到竹木格构梁菱形框架内。

(4)培植混合草籽的改良土,按照从左到右、从上到下的顺序进行施工,施工后喷适量水,用无纺布遮盖改良土,待草长出后进行定期修剪。

## 5.5 施工工艺控制标准

(1)菱形网格接头槽口设计中采用70°交角的斜交接口,目的是压缩菱形的高宽比,增强绿化回填土的稳定性。若实际施工中边坡较缓,能保证绿化回填土的稳定,为便于施工则可采用90°交角形成矩形网格。

(2)本设计的菱形网格尺寸(30cm×30cm)建议使用于坡比为1:0.5~1:0.75的坡面,若坡面较缓(1:1~1:1.75)时,可适当加大菱形网格的空间尺寸,建议调整为40cm×40cm~60cm×60cm。另外,木结构的菱形网格尺寸可比竹结构的菱形网格尺寸适当加大。当坡高小于2m且坡比缓于1:1.5时可不采用坡面防护,可直接绿化。

(3)种植土的厚度应根据坡面的地质情况合理选择,一般采用4~8cm。当坡面为全土质且土壤利于植物生长时,种植土的厚度可采用4~5cm;当坡面为全土质但土壤的植物生长性稍差时,种植土的厚度可采用5~7cm;当坡面为含石量较大或土壤的植物生长性较差时,种植土的厚度可采用7~9cm。菱形网格中竹木扁(条)的宽度应根据种植土的厚度确定,应比种植土的厚度大1~2cm。

(4)在竹木肋柱的上、中、下处,于坡面上打设长30~60cm的竹木桩,竹木桩入土深度20~50cm,再用篾片或铁丝将竹桩与竖肋绑扎牢固。竹片与竹扁相接处应用篾片或铁丝互相绑扎。竹木桩的长度应根据坡面的土质条件在现场打试桩确定,要求尽量用高限值,具体施工中还可适当调整,确保肋柱的稳定。当所需的入土深度较深,无法采用竹桩时可采用木桩替代。若无法用锤击直接打入坡面时,可采用钻孔施工法。

(5)增加分级平台处、坡顶与坡底处排水沟,增加坡面横向与纵向排水槽,缓解雨水冲刷力;在毛竹框格梁设计方案中,将成年竹子进行1/2剖分,作为排水缓冲槽,安装在主体框格处,以加强排水,缓解冲刷;设计中增加竖向流水梯,用于边坡排水与人工养护。

(6)适度增加客土喷播厚度,达到10~15cm;喷播前,将草籽浸泡不少于24小时,加强均匀性搅拌混合土壤,客土喷播后,加强喷水养护等(做到植物生长初期,光照强时每天喷水1~2次)。

## 5.6 施工范例

以云南蒙新高速公路湾田服务区边坡生态防护为例,如图5-2~图5-15所示。

图 5-2　预置竹网菱形框架

图 5-3　预置木网菱形框架

图 5-4　刷坡并组装竹网框格梁

图 5-5　安装木网框格梁

图 5-6　安装竹木网框格梁

图 5-7　绑扎框格梁

图 5-8　称量稳固剂

图 5-9　掺配有机材和稳固剂

图 5-10　拌和有机材和稳固剂

图 5-11　填筑有机基材

图 5-12　播撒草种灌木种

图 5-13　覆盖无纺布

图 5-14　植被初长时的错台竹木梯框格梁

图 5-15　植被长成后的边坡防护效果

# 6 质量管理

## 6.1 膨胀土路基施工质量管理

稳固土改良路基的压实质量控制主要受稳固土力学性质、压实功能、土的含水率、铺层厚度、土的级配及底层强度和压实度影响。

(1)取代表性稳固土做重型击实试验,确定土的最佳含水率和最大干密度,并绘制干密度与含水率的关系曲线,从而控制稳固土的含水率。

(2)确定铺层厚度和碾压遍数。可根据压路机械的功能及土质情况确定铺层厚度,一般可取松铺厚度30cm进行试验,以确保压实层的均匀性。

(3)稳固土改良工程中需机械不断搅拌,以保证稳固土本身的均匀性,并晾晒至最佳含水率进行施工。

(4)压实度的检查。每一压实层均应检验压实度,合格后方可填筑其上一层。检验频率为每2 000$m^2$ 检验8点,不足200$m^2$ 时,至少应检查2点。必要时可根据需要增加检验点。

(5)弯沉值的检查。检验频率应为每一幅双车道每54m检验4点,左右两后轮隙下各一点,路床顶面的回弹模量应满足公路工程相关设计要求。

(6)在摊铺下一层之前,每一层的压实都必须经监理工程师批准。

## 6.2 特殊土边坡施工质量管理

针对膨胀土、砂性土、红黏土、红层软岩、碎石土等边坡,采用壤土与稳固剂混合方式,进行生态固坡施工,具体要求如下:

(1)取土:现场泥土粉碎或过筛,含水率取20% ~30%,以能捏成团为宜。

(2)添加稳固剂和草籽:根据现场及土质实际情况,按重量比2% ~5%的比例加入边坡稳固剂,稳固剂具体添加量根据具体地质条件以达到边坡生态固坡要求为准,最后一次喷射时,加入草籽并强制搅拌均匀。

(3)喷贴:用干式或湿式喷浆机,将搅拌均匀加入稳固剂的改良土分2 ~3次喷射到作业面上,将含水率控制在30% ~50%。为了防止开裂,几次喷射的时间间隔适当加长,第一层喷射的厚度要控制在2 ~3cm为宜,使改良土与基础面充分结合。总厚度在6 ~9cm,过薄时护坡效果不佳,过厚则不利于植物根系扎入基础面且易产生护坡表层滑落。

(4)养生:为了给草籽催芽,并防止护坡土开裂和干燥前被大雨冲走,作业面需覆盖养生。除冬季外,南方地区大概 3 ~5d 草籽能发芽,干旱地区还需洒水。

(5)养护:改良土有很好的保水性能,但在植被未完全形成前,需洒水并养护。

## 6.3　错台竹木梯框格梁施工质量控制

(1)植物生长早期,需覆盖无纺布或遮风帘,根据草灌生长情况,定期养护边坡(如安装滴灌系统)致使植草成坪,并防止灌木生长过快,影响草种生长。

(2)选择适宜于当地气候条件、根系发达、生命力强、能在短期内覆盖坡面且为多年生的草种,同时混播适量的树籽及草花种籽,实现植草与植灌木相结合的立体式边坡绿化。

(3)在种植土、肥料、稳固剂中加适量水,以能使混合土握成团为宜。

(4)如使用人工培土,需架设步行梯,以防止框格梁损坏,并使表层混合土密实;如使用机械喷播,应采用干式喷播方式。

(5)根据边坡的岩性、水文地质条件、高度、坡率及地区气候条件,合理选择预置框格大小、竹木梯结构形式与尺寸。